em tempo escuro, a palavra (a)clara

JOSÉ PAULO PAES

em tempo escuro, a palavra (a)clara

global

© Dorothea Costa Paes da Silva, 2004
1ª Edição, Global Editora, São Paulo 2007
2ª Reimpressão, 2016

Jefferson L. Alves – diretor editorial
Cecilia Reggiani Lopes – seleção e edição
Flávio Samuel – gerente de produção
Ana Cristina Teixeira – assistente editorial
Ana Cristina Teixeira e João Reynaldo de Paiva – revisão
Claudia Furnari – direção de arte e capa
Geraldo de Barros, Galeria Brito Cimino, © **Família de Barros**,
© **Fabiana de Barros** – imagens
© **Fabiana de Barros** – reproduções

Obra atualizada conforme o
NOVO ACORDO ORTOGRÁFICO DA LÍNGUA PORTUGUESA.

Dados Internacionais de Catalogação na Publicação (CIP)
(Câmara Brasileira do Livro, SP, Brasil)

Paes, José Paulo
   Em tempo escuro, a palavra (a)clara / José Paulo Paes.
– São Paulo : Global, 2007.

   ISBN 978-85-260-1229-5

   1. Poesia brasileira I. Título.

07-5419   CDD-869.91

Índices para catálogo sistemático:
1. Poesia : Literatura brasileira   869.91

Direitos Reservados

global editora e distribuidora ltda.
Rua Pirapitingui, 111 – Liberdade
CEP 01508-020 – São Paulo – SP
Tel.: (11) 3277-7999 – Fax: (11) 3277-8141
e-mail: global@globaleditora.com.br
www.globaleditora.com.br

Colabore com a produção científica e cultural.
Proibida a reprodução total ou parcial desta obra
sem a autorização do editor.

Nº de Catálogo: **2642**

este livro é dedicado
à perfeita entendedora
que mesmo eu mudo me entende
sempre não entende Dora?

beijo do Zé

NOTA DE EDIÇÃO

Toda a obra poética de José Paulo Paes publicada até 1983 foi reunida em *Um por todos* (São Paulo, Brasiliense, 1986), edição que nos serviu de base para esta coletânea.
Não constam deste livro poemas de *Novas cartas chilenas*, 1954, *Cúmplices*, 1951 (que integram a coletânea *Histórias do Brasil na poesia de José Paulo Paes*. São Paulo, Global, 2006) e *O aluno*, 1947.

SUMÁRIO

RESÍDUO

grafito, 13
hino ao sono, 14
epitáfio para rui, 16
um sonho americano, 17
lapsus linguae do candidato, 18
ficção científica, 20
epitáfio para osman lins, 21
não cora a pena de ombrear co'o sabre, 22
a evolução dos estilos, 23
brecht revisitado, 24
a um cavalígrafo, 25

MEIA PALAVRA

seu metaléxico, 29
canção do exílio facilitada, 30
sick transit, 31
camassutra, 32
ars amandi, 33
saldo, 34
antiturística, 36
falso diálogo entre pessoa e caeiro, 38
o vagido da sociedade de consumo, 39
termo de responsabilidade, 40
o espaço é curvo, 41

ANATOMIAS

epitáfio para um banqueiro, 45
cartilha, 46
pavloviana, 47
o suicida ou descartes às avessas, 50
à moda da casa, 51
o poeta ao espelho, barbeando-se, 52
a maiacóvski, 54
os lanceiros, 55

EPIGRAMAS

poética, 59
a pequena revolução de jacques prévert, 60
bucólica, 63
il poverello, 64
novo soneto quixotesco, 66
a uns políticos, 67
ressalva, 68
ode, 69
matinata, 70

CALENDÁRIO PERPLEXO

1º de janeiro – brinde, 75
31 de março / 1º de abril – dúvida revolucionária, 76
19 de abril – dia do índio, 78
1º de maio – etimologia, 79
13 de maio – almas brancas, 80
12 de junho, dia dos namorados – a verdadeira festa, 81
24 de junho, são joão – o terrorista consolado, 82
6 de julho, morte de castro alves (1871) – recado tardio, 83
22 de julho – aniversário, 84
13 de outubro, morte de manuel bandeira (1956) – epitáfio, 85
20 de outubro, dia do poeta – oferendas com aviso, 86
2 de novembro, finados – sic transit gloria mundi, 87
15 de novembro – a marcha das utopias, 88
25 de dezembro – como armar um presépio, 90

RESÍDUO

"contra piadas não há argumentos"

Kafka, *O castelo*

GRAFITO

neste lugar solitário
o homem toda a manhã
tem o porte estatuário
de um pensador de rodin

neste lugar solitário
extravasa sem sursis
como num confessionário
o mais íntimo de si

neste lugar solitário
arúspice desentranha
o aflito vocabulário
de suas próprias entranhas

neste lugar solitário
faz a conta doída:
em lançamentos diários
a soma de sua vida

HINO AO SONO

sem a pequena morte
de toda noite
como sobreviver à vida
de cada dia?

Geraldo de Barros, *Sem título*

EPITÁFIO PARA RUI

e tenho dito
bravos!
(mas o que foi mesmo que ele disse?)

UM SONHO AMERICANO

CIA limitada

LAPSUS LINGUAE **DO CANDIDATO**

sou homem de ação
não de palavra

Geraldo de Barros, *Fotoforma*

FICÇÃO CIENTÍFICA

o homem mais feliz de vênus
não usava camisa

EPITÁFIO PARA OSMAN LINS

o palíndromo do mundo
ora se te aclara:
verbo faz-se a carne
voa avalovara!

NÃO CORA A PENA DE OMBREAR CO'O SABRE

wordswordswords
swords

A EVOLUÇÃO DOS ESTILOS

barroco
barrococo
rococó

BRECHT REVISITADO

partido: o que partiu
rumo ao futuro
mas no caminho esqueceu
a razão da partida

(só perdemos
a viagem camaradas
não a estrada
nem a vida)

A UM CAVALÍGRAFO

o que pastam?   brancos
o que correm?   campos
de papel quem são?
o nada feito vida

por um risco de tinta
na página: milagre
da mão instantânea
que do ar convoca

para aqui e agora
os sempre nunca mesmos
(cada qual surpresa)
mil e um cavalos

de yoshiya takaoka

MEIA PALAVRA

CÍVICAS, ERÓTICAS E METAFÍSICAS

"a palavra, so(m)bra da ação"

Demócrito

SEU METALÉXICO

economiopia
desenvolvimentir
utopia
consumidoidos
patriotários
suicidadãos

CANÇÃO DO EXÍLIO FACILITADA

lá?
ah!

sabiá...
papá...
maná...
sofá...
sinhá...

cá?
bah!

SICK TRANSIT

CAMASSUTRA

    ele   ela

    ele   ela
    ela   ele

    ele   ela
    ɐlǝ   ǝlɐ

   ^{la}ele   ^{le}ela

    elela

      l
   _   _

ARS AMANDI

amar
amar
amar

qual ama

o nascituro a mama
o incendiário a chama
o opilado a lama

SALDO

a torneira seca
(mas pior: a falta
de sede)

a luz apagada
(mas pior: o gosto
do escuro)

a porta fechada
(mas pior: a chave
por dentro)

Geraldo de Barros, *Função diagonal*

ANTITURÍSTICA

viagem: sem olhos
por cima do ombro

miragem nenhuma
nenhum escombro

na mala (vala
incomum) só um

bem: o sem
o nem o nada

viagem: o nunca
mapa a sempre estrada

Geraldo de Barros, *Sobras*

FALSO DIÁLOGO ENTRE PESSOA E CAEIRO

– a chuva me deixa triste...
– a mim me deixa molhado

O VAGIDO DA SOCIEDADE DE CONSUMO

consummatum est!

TERMO DE RESPONSABILIDADE

mais nada
a dizer: só o vício
de roer os ossos
do ofício

já nenhum estandarte
à mão
enfim a tripa feita
coração

silêncio
por dentro sol de graça
o resto literatura
às traças!

O ESPAÇO É CURVO

ANATOMIAS

"je réclame de vivre pleinement la contradiction de mon temps, qui peut faire d'un sarcasme la condition de la verité."

Roland Barthes

EPITÁFIO PARA UM BANQUEIRO

negócio
ego
ócio
cio
0

CARTILHA

a MATilha
contra a Ilha

Ilha recUSA?
Ilha reclUSA

USA e abUSA

América LATina
AméRICA ladina

LATe a MATilha

Ilha trILHA
cartILHA

PAVLOVIANA

a sineta
    a saliva
        a comida

a sineta
    a saliva
        a saliva

a saliva
    a saliva
        a saliva

o mistério
    o rito
        a igreja

o rito
    a igreja
        a igreja

a igreja
    a igreja
        a igreja

    a revolta
        a doutrina
            o partido

    a doutrina
        o partido
            o partido

o partido
    o partido
        o partido

    a emoção
        a ideia
            a palavra

    a ideia
        a palavra
            a palavra

    a palavra
        a palavra
            A PALAVRA

Geraldo de Barros, *Sem título*

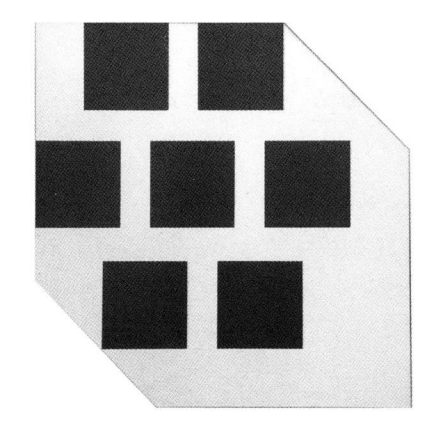

O SUICIDA OU DESCARTES ÀS AVESSAS

      cogito

                  ergo

      pum!

À MODA DA CASA

feijoada
marmelada
goleada
quartelada

O POETA AO ESPELHO, BARBEANDO-SE

o rito
do dia
o rictus
do dia
o risco
do dia

EU?
UE?

olho
por olho
dente
por dente
ruga
por ruga

EU?
UE?

o fio
da barba
o fio
da navalha
a vida
por um fio

EU?
UE?

mas a barba
feita
a máscara
refeita
mais um dia
aceita

EU
EU

A MAIACÓVSKI

uns te preferem suicida

eu te quero pela vida
que celebraste na flauta
de uma vértebra patética
molhada no sangue rubro
de um crepúsculo de outubro

OS LANCEIROS

para augusto haroldo décio

em malarmado
lance o dado
caiu no poço
do espaço em branco

azar: que ponto
marcava? acaso
um alto ponto?
um desaponto?

eis logo em campo
dois espeléologos
vão ver e desce
o tertio três

demoram voltam
participando:
A THING OF BEAUTY
IS A JOYCE FOREVER

EPIGRAMAS

*"Ainsi pleurait Justice, et d'une robe blanche
Se voilant tout le chef jusqu'au bas de la hanche,
Avec ses autres soeurs, quittant ce val mondain,
Au ciel s'en retourna d'un vol prompt e soutain."*

Ronsard, *Les Hymnes*

POÉTICA

não sei palavras dúbias. meu sermão
chama ao lobo verdugo e ao cordeiro irmão.

com duas mãos fraternas, cumplicio
a ilha prometida à proa do navio.

a posse é-me aventura sem sentido.
só compreendo o pão se dividido.

não brinco de juiz, não me disfarço em réu.
aceito meu inferno, mas falo do meu céu.

A PEQUENA REVOLUÇÃO
DE JACQUES PRÉVERT

há um poeta imóvel
no meio da rua.
não é anjo bobo
que vive de brisa,
nem é canibal
que come carne crua.
não vende gravatas,
não prega sermão,
não teme o inferno,
não reclama o céu.
é um poeta apenas,
sob seu chapéu.
à sua volta, o trânsito
escorre, raivoso,
e o semáforo muda,
célere, os sinais.
mas o poeta não sai
de seu lugar. jamais.
diz um padre: – "é pecador.
blasfemou, praticou
fornicação, assalto.
por castigo ficou
atado ao asfalto."

diz um rico: – "é anarquista,
que mastiga pólvora,
que bebe cerveja
e espera a explosão
da bomba sobre a igreja."
diz um soldado: – "é agente
de potência estrangeira.
aguarda seus cúmplices,
ocultos em algum
lugar desta ladeira."
diz um doutor: – "é vítima
de mal perigoso.
está paralítico,
ou talvez nefrítico,
ou então leproso."
ante notícias
tão contraditórias,
há queda na bolsa,
pânico na sé,
cai o ministério,
e foge o doutor,
o padre, o soldado,
o rico, o ministro,
o governador.
sem donos, o povo
livra-se de impostos;
sem padres, o povo

livra-se da missa;
sem doutores, o povo
livra-se da morte.
as ruas se animam
de vozes, de cores,
de pessoas, pregões,
abraços, canções.
e, no meio da rua,
sob seu chapéu,
sob o azul do céu,
o poeta sorri,
completo,
feliz.

BUCÓLICA

o camponês sem terra
detém a charrua
e pensa em colheitas
que nunca serão suas.

IL POVERELLO

desgrenhado e meigo, andava na floresta.
os pássaros dormiam em seus cabelos.
as feras o seguiam mansamente.
os peixes bebiam-lhe as palavras.

dentro dele todo o caos se resolvera
numa ingênua certeza: – "preguei a paz,
mostrei o erro, domei a força, curei o mal.
antes de mim, o crime. depois de mim, o amor."

mas a floresta esqueceu, no outro dia,
o bíblico sermão e, novamente,
o lobo comeu a ovelha, a águia comeu a pomba,
como se nunca houvera santos nem sermões.

Geraldo de Barros, *Sobras*

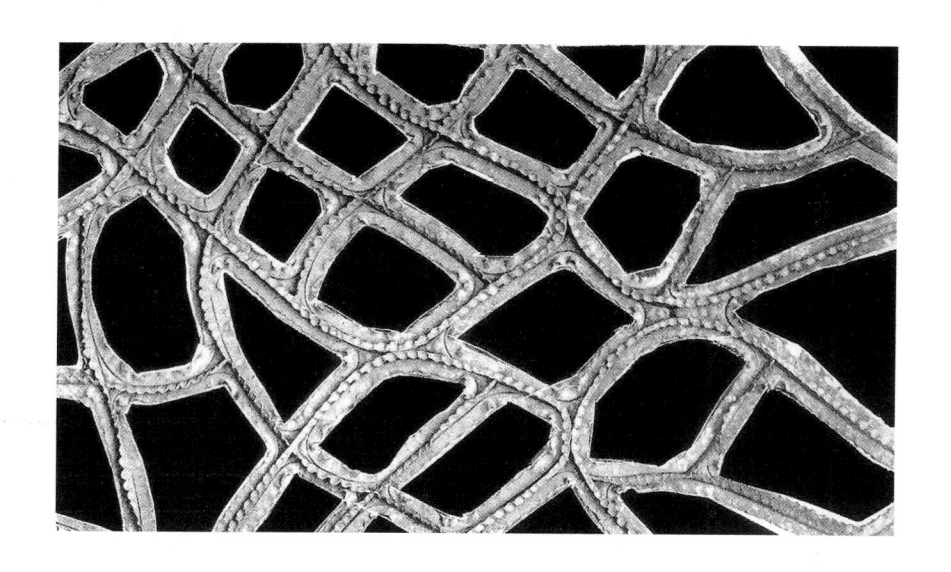

NOVO SONETO QUIXOTESCO

o século tombou, madeiro podre,
sobre o teu sonho heroico, sepultando
entre pedra e caliça, as disciplinas
da loucura, do amor, do despropósito.

o mundo é mesmo assim, meu cavaleiro
de tristonha figura, e há que aceitar
a lógica prudente dos alcaides
(ou fingir aceitá-la, pelo menos).

mas teu exemplo fica e é sobre ele
que me debruço agora e me revejo
quixotesco também, saudosamente.

quixotescos nascemos. certo dia,
viramos bacharéis ou almocreves,
e nesse dia, herói, morres conosco.

A UNS POLÍTICOS

depois de nós, o dilúvio.
entrementes, de Javé
poupada, fulge Sodoma,
capital da nossa fé.

mas se a chuva acontecer
(há tempo de sobra até),
adeus, que somos marujos
da equipagem de Noé.

RESSALVA

fácil riqueza de poucos.

a luva antes do crime,
o pão sem mérito algum,
o rosto, mármore falso,
os pés no barro comum.

árdua pobreza de muitos.

a injustiça da cruz,
a pressa das alegrias,
a demora dos augúrios,
as penas da rebeldia.

mas um diamante – o orgulho.

ODE

uma palavra esquecida
à beira do precipício
onde o suicida hesitou.
uma palavra tranquila
em meio ao pânico, voz
sem equívoco, harmonia
de harpas antecipadas.
uma palavra roubada
a outro alfabeto, onde o lobo
já não uive, onde o revólver
desobedeça ao gatilho.
uma palavra mais forte
que todo gesto de raiva,
que todo grito de morte.
uma palavra ofertada
ao homem que, do presente,
dialoga com seu futuro.
uma palavra que traz
em si muitas outras: PAZ.

MATINATA

o galo cantou. fogem morcegos na noite derrotada.
a vítima sorri, triunfalmente, do último combate.

o galo cantou. o fantasma tira a máscara, exausto de vingança.
a todo morto olvido, a todo faminto pão, a todo humilhado
                                                                         [glória.

o galo cantou. o suicida recusa o copo de veneno
e sepulta em si mesmo o orgulho pobre e o mistério absurdo.

o galo cantou. alguém olha o relógio. não é hora de guerra
nem hora de medo, mas a primeira hora.

o galo cantou. o homem recolhe as armas do chão
e com sangue escreve no infinito:
SEJA O AMOR O ÚNICO PROBLEMA.

Geraldo de Barros, *Sem título*

CALENDÁRIO PERPLEXO

*"Omnia tempus habent, et ego breve postulo tempus,
ut possim paucos presents tibi reddere versus."*

O Arquipoeta de Colônia (séc. XII)

1º de janeiro

BRINDE

ano-novo: vida
nova
dívidas novas
dúvidas novas

ab ovo outra
vez: do revés
ao talvez (ou
ao tanto faz como fez)

hora zero: soma
do velho?
idade do novo?
o nada: um ovo

salve(-se) o ano-novo!

31 de março / 1º de abril

DÚVIDA REVOLUCIONÁRIA

ontem foi hoje?
ou hoje é que é ontem?

Geraldo de Barros, *Sem título*

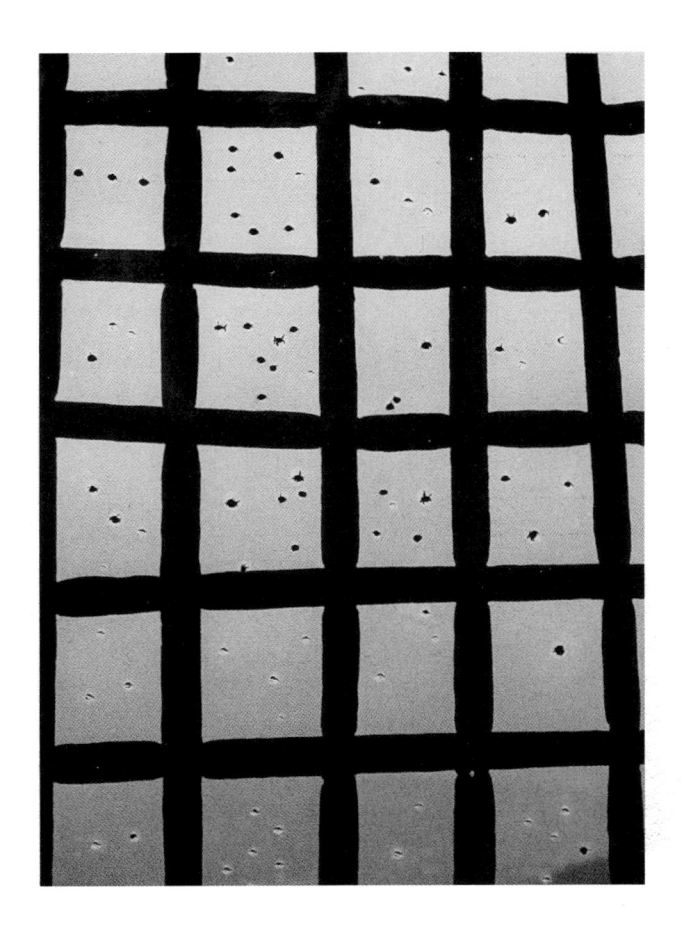

19 de abril

DIA DO ÍNDIO

o dia dos que têm
os seus dias contados

1º de maio

ETIMOLOGIA

no suor do rosto
o gosto
do nosso pão diário

sal: salário

13 de maio

ALMAS BRANCAS

a comissão de frente
ajoelha-se à porta da cabana de pai tomás
para saudar a comissão julgadora
enquanto no fundo do quintal
o bode de luís gama
tenta baldadamente explicar à prole
que negritude quer dizer
"nego em tudo"

12 de junho, dia dos namorados

A VERDADEIRA FESTA

mas pra que fogueira
rojão
quentão?

basta o fogo nas veias
e a escuridão
coração

24 de junho, são joão

O TERRORISTA CONSOLADO

nunca nenhum balão
veio cair aqui
na minha mão...

em compensação
nunca bomba alguma
me estourou nas mãos!

6 de julho, morte de castro alves (1871)

RECADO TARDIO

a praça? nunca foi do povo
nem com jeito
nem com dor

(que candor condor!)

quanto ao céu
de (cé)sar e de(u)s
devagar co'ardor

e co'andor condor!

22 de julho

ANIVERSÁRIO

amigos abraços
velas acesas
velas apagadas
obrigado adeus:

ensaio de outra festa
(próxima? distante?)
também com amigos
com velas com adeuses

sobretudo adeuses

13 de outubro, morte de manuel bandeira (1968)

EPITÁFIO

poeta menormenormenormenor
menormenormenormenor enorme

20 de outubro, dia do poeta

OFERENDAS COM AVISO

vamos pôr uma bengala de cego no túmulo de homero
para que ele possa vagar em segurança pelas trevas do hades

vamos pôr um sapato de chumbo no túmulo de dante
para que ele possa ascender mais depressa ao encontro de beatriz

vamos pôr uma corda de enforcado no túmulo de villon
para que ele possa balançar-se em boa companhia

vamos pôr um olho de vidro no túmulo de camões
para que ele possa assistir à volta d´el-rei d. sebastião

vamos pôr um pedaço de carniça no túmulo de baudelaire
para que ele possa sentir o cheiro da vida aqui fora

vamos pôr um silenciador no túmulo de maiakóvki
para que o seu revólver não perturbe os planos quinquenais

claro que em cada túmulo junto com as oferendas
poremos também o aviso de praxe FIQUEM TODOS ONDE ESTÃO

2 de novembro, finados

SIC TRANSIT GLORIA MUNDI

faz
faz
faz

jaz

15 de novembro

A MARCHA DAS UTOPIAS

não era esta a independência que eu sonhava

não era esta a república que eu sonhava

não era este o socialismo que eu sonhava

não era este o apocalipse que eu sonhava

Geraldo de Barros, *Sem título*

25 de dezembro

COMO ARMAR UM PRESÉPIO

pegar uma paisagem qualquer

cortar todas as árvores e transformá-las em papel de imprensa

enviar para o matadouro mais próximo todos
os animais

retirar da terra o petróleo ferro urânio que possa eventualmente conter e fabricar carros tanques aviões mísseis nucleares cujos morticínios hão de ser noticiados com destaque

despejar os detritos industriais nos rios e lagos

exterminar com herbicida ou napalm os últimos traços de vegetação

evacuar a população sobrevivente para as fábricas e cortiços da cidade

depois de reduzir assim a paisagem à medida do homem
erguer um estábulo com restos de madeira cobri-lo de
chapas enferrujadas e esperar

esperar que algum boi doente algum burro fugido
algum carneiro sem dono venha nele esconder-se

esperar que venha ajoelhar-se diante dele algum velho
pastor que ainda acredite no milagre

esperar esperar

quem sabe um dia não nasce ali uma criança e a vida
recomeça?

OBRAS DE GERALDO DE BARROS

Capa
Fotoforma, 1950
© Fabiana de Barros e Galeria Brito Cimino

P. 15
Sem título, 1983
Laminado plástico (Formica) sobre madeira
© Família De Barros e Galeria Brito Cimino

P. 19
Fotoforma, 1950
© Fabiana de Barros e Galeria Brito Cimino

P. 35
Função diagonal, 1952
Esmalte sobre kelmite
@ Fabiana de Barros e Galeria Brito Cimino

P. 37
Sobras (fotografia), 1996/1998
© Fabiana de Barros e Galeria Brito Cimino

P. 49
Sem título, 1983
Laminado plástico (Fórmica) sobre madeira
© Família De Barros e Galeria Brito Cimino

P. 65
Sobras (fotografia), 1996/1998
© Fabiana de Barros e Galeria Brito Cimino

P. 71
Sem título (fotografia), 1949
© Fabiana de Barros e Galeria Brito Cimino

P. 77
Sem título (fotografia), 1951
© Fabiana de Barros e Galeria Brito Cimino

P. 89
Sem título (fotografia), 1948
© Fabiana de Barros e Galeria Brito Cimino

Os editores agradecem à família de Geraldo de Barros, representada por Fabiana de Barros e à Galeria Brito Cimino, que representa o artista, pela autorização para reproduzir obras de Geraldo de Barros neste livro. E a Cibele Ferreira, da Galeria Brito Cimino, pelo esforço em viabilizar o belo projeto gráfico de Claudia Furnari.

OBRAS DE JOSÉ PAULO PAES PELA GLOBAL EDITORA

Histórias do Brasil na poesia de José Paulo Paes. 2006

Em tempo escuro, a palavra (a)clara. 2007

Melhores poemas de José Paulo Paes.
Seleção de Davi Arriguci Jr. 5. ed., 2003

TRADUÇÕES

Ecologia: um modo ponderado de explicar às crianças a preservação do meio ambiente, de Margareth Dunkle e Robert Ingpen. 3 ed., 2000 (Coleção Vida Nova).

Tempos de paz, de Katherine Scholes e Robert Ingpen. 6. ed., 2007 (Coleção Vida Nova).

Tempos de vida: uma bela maneira de explicar a vida e a morte às crianças, de Bryan Mellonie e Robert Ingpen. 5. ed., 2002 (Coleção Vida Nova).

JOSÉ PAULO PAES nasceu em Taquaritinga-SP, em 1926. Estudou Química Industrial em Curitiba, onde iniciou sua atividade literária colaborando na revista *Joaquim*, dirigida por Dalton Trevisan. De volta a São Paulo, trabalhou em um laboratório farmacêutico e numa editora. Escreveu com regularidade para jornais e periódicos literários. No terreno da tradução, verteu do inglês, do francês, do italiano, do espanhol, do alemão e do grego moderno mais de uma centenas de livros.
Sua obra poética é um tesouro compartilhado por todos nós. Faleceu no dia 9 de outubro de 1998.